Rémy Berriot

La barque de Vie

Mémoires de l'Alzheïmer

Éditions Dédicaces

LA BARQUE DE VIE
MÉMOIRES DE L'ALZHEÏMER, par RÉMY BERRIOT

Dépôt légal :
Bibliothèque et Archives Canada
Bibliothèque et Archives nationales du Québec

Un exemplaire de cet ouvrage a été remis
à la Bibliothèque d'Alexandrie, en Egypte

ÉDITIONS DÉDICACES INC
675, rue Frédéric Chopin
Montréal (Québec) H1L 6S9
Canada

www.dedicaces.ca | www.dedicaces.info
Courriel : info@dedicaces.ca

Rémy Berriot

La barque de Vie

Mémoires de l'Alzheïmer

Présentation

La barque de vie est un formidable espoir de l'Humanité face à un des plus grands fléaux de notre époque qu'est la maladie d'Alzheimer.

Travailler auprès de ces personnes âgées atteintes de cette maladie exige une grande souplesse psychique et physique. C'est une véritable entreprise éthologique au sens humaniste du terme pour aborder une des plus difficiles facettes de la compréhension de l'Homme :

« Je t'accompagne tel que tu es, avec tes capacités au jour le jour »

L'Homme en démence est, contrairement à l'Homme en souffrance, protégé par sa propre maladie

Il se réfugie dans un monde parallèle où l'entreprise d'empathie de l'aidant, c'est-à-dire la capacité de se décentrer de ses propres normes, de ses propres schèmes pour rejoindre la réalité de l'autre, est mise à rude épreuve :

« On ne sait quasiment rien de l'autre ... »

Ecrire de la poésie sur la maladie d'Alzheimer permet ainsi sans artifices de prendre du recul par les mots doux et puissants d'une réalité qui peut être aussi merveilleuse que terrifiante pour la personne aidée.

Le sujet est aussi inépuisable que le nombre de personnes amenées à se rencontrer.

Sombres et lumineuses, ces poésies ne vous laisseront pas indifférent car la personne aidée est une personne si semblable à nous.

« J'y étais pas, non
J'y étais pas
Ne me demandez pas
Pourquoi
J'y étais pas, non
J'y étais pas
Ou alors
Je ne m'en souviens pas »

(Les marguerites – Groupe musical)

« Tu n'es pas seule dans le brouillard
Je suis ce petit feu de bois
Cette lueur dans ta mémoire »

(Luce – La symphonie d'Alzheimer)

L'accueil

Sphère des humains
Perdus
Histoire d'un trop-plein
Ou bien…
Rappelle-toi
Lorsque tu étais bien
Chez toi

Les saisons
Regrettent les séparations
Une nouvelle femme
Vient d'arriver
On ouvre la fenêtre
On rafraîchit la chambre

Un être de plus
Tout petit
J'aime la couleur des rideaux
Dit-elle

Où est mon chat ?
Où est papa ?

Les nuages blancs
Traînent déjà
Sur un ciel lourd
Tout autour d'elle

Renée ou le premier jour

Ton sourire
Est devenu
Une pierre

Tu as mangé
Cette pierre
De ton mur
En mie de pain noir

Il est sorti
Un air glacé
De ma tête

On a entendu
les arbres frémir
Le vent se figer

Tu avais froid
De cette terre hostile
De ce premier jour

Tu as bu l'eau
Du rocher froid
De ta vie nouvelle

Tu as ensuite
Donné à boire
A la pluie

Et pourtant
Je ne sais pas
Spontanément...

Tu m'as souri

Ecoute la chanson
De mes mains
Et de mes yeux

Elle est douce
Et légère
Colorée d'amour

Toi sur le lit froissé
Recroquevillée
Les yeux fermés

Une larme finit
Par sortir

Attendons
Tous les deux
Le soleil...

Digicode

Pure est la lumière
Fausse est la nuit
La neige est lourde
Le jour s'enfuit

Mais tout est maintenant
Derrière
Derrière la vitre froide

Tu as pris ton sac
Pour rentrer chez toi
Mais patatras
La porte ne s'ouvre pas

Tu as posé une chaise
Devant
Et tu attends…

Pour quoi faire
Pour sortir de cet enfer
Car tu sais que dehors
Pure est la lumière

Ce qu'il dit en secret

Je suis l'homme
De l'équilibre introuvable
Un pas de plus,
Pour aller où ?

Je voudrais quitter
Cette montagne de Vie absurde
De Vie où ma poitrine m'oppresse
Les jours, les nuits...

Je sais maintenant
Je sais que je suis enchaîné
Les chaînes sont invisibles
Et damnées

Enchaîné à ce poteau de Vie
Loin des plus belles étoiles
Plongé dans ce bitume quotidien
Vous savez quoi ?
Je ne sais plus

De quel côté
Je vais tomber

Un jour
Sans doute
Il n'y aura personne
Pour me relever
La chute ?
Quand ?
Je ne sais pas...

Alors,
Doucement, sans bruit
Je fermerai les yeux et la bouche
Recouvert d'un marbre lourd

La barque de Vie

La Vie
Est sinueuse

Les visages sont fatigués
Les visages sont fripés
Les visages sont anxieux

Mais lorsqu'il n'y a plus
Que l'Âme
Elle est incomparablement
Lumineuse
Nettoyée d'ambitions
Nettoyée de chagrins
Les visages devant moi
Sont incroyablement nus

Et je reviens, et je repars
Et je reviens
Chaque fois
Avec un trésor fait de bonté
Et de vérité

C'est fou comme la maladie
Nous désencombre
Nous fait tomber toutes nos valeurs
Ephémères
Auxquelles nous tenons tant dans la vie

J'apprends maintenant d'eux
Un autre alphabet de la vie
Lettre après lettre
Main après doigts
Lèvres après joue

Ce trésor amassé
Jour après jour
Fait que je reviens
Que je repars
Que je reviens
Extrêmement confiant
De cette vie...

Qui est aussi un enfer

Vieille baderne

« Bonjour Docteur
Bonjour…Vous connaissez mon nom ?
Vieille baderne !
Je ne suis pas une jeune baderne
Pourquoi je suis là ?
Dites-le moi
Je suis gâteux ?
Qui va s'occuper de mes plateaux repas ?
Et de ma maison ?
J'en suis fier de ma maison, vous savez,
J'en ai fait les fondations…

Comment ?
Je suis un connard alors ?
Vieux connard !
Qui m'a mis ici ?
Si c'est mon médecin
Il a perdu un client

C'est comme ma maman
Je l'ai aimée ma maman
Elle est morte dans son sommeil
Elle n'a pas souffert
Comme je souffre maintenant

J'ai soif !
J'ai besoin d'un canon
Vous savez, j'aime bien le vin
Oh, pas beaucoup
Un verre de temps en temps
C'est tout…
Vous savez, je ne demande pas grand-chose
Quand tout ceci finira-t-il ? »

Soir d'amour

Depuis longtemps
Que je me souvienne
Je lançai des passerelles
Au vent d'autrefois
Révélant les abîmes
De ma foi

Je n'étais que ce wagon vide
Sur une voie de garage
Oublié depuis longtemps
Mais dans un jour livide
Rouge était le ciel

Je rentrai alors
Dans cette forêt noire
Pour espérer trouver
L'endroit
Où tu passais

Par les chemins ténébreux
Mains tremblantes
Je retrouvai l'espoir
Sous la Lune bleutée

Et puis, je te voyais
Déesse de la Forêt
Statue d'albâtre et de nuit
Statue brillante de rosée

Femme nue
Femme offerte
A l'Amour
Tu m'attendais

Dans les feuilles
Sur l'herbe mouillée
Nous nous sommes aimés
Nous étions seuls au monde
Gentiment piégés
Par le brouillard
Qui se levait

Et qui nous cachait
Des lucioles curieuses…

Ah, qu'il est bon
De fermer mes yeux
Pour former ton corps !

Le vide dans la maison

Tu es là
Tu n'es plus là
Des murs
Encore des murs
Des bruits au fond
Des craquelures sur les murs
Chut,
Tu les entends ?
Des craquelures sur ta peau
Chut,
Tu les entends ?
Non !

Tu ne sais pas Minou
Hein ?
Tu ne sais pas Minou
Comment on fait…

Dehors, une moto passe
Et s'éloigne

Tu gardes tes chaussettes
Pour cette nuit ?
Je ne sais pas
Je t'embrasse avant de dormir
Je te laisse un peu de lumière
A demain
Aaaaaahh !

Une simple corde

Une simple corde
Nous lie davantage
Que tes lèvres grises
Il fait jour
Mais pour toi
Il fait nuit
Huit vêtements
Sur un dos fragile
Durs à enlever
Garder son sourire
En toutes circonstances
Pour étonner les murs
Le temps le fait craquer
Le temps le fait changer
En fer forgé
Il ne fera plus
Jamais aussi bleu
Dans ton ciel d'avenir

Aucun but

Que je sois ici ou ailleurs
Dans le meilleur des cas possibles
Je suis comme prisonnier dans mon corps
Je ne peux m'en échapper
De cette enveloppe nauséabonde
Il faut en finir
Et je serai libre
Peut-être que la liberté passe par la Mort
La vie m'est insupportable
Elle est vide, tellement vide
Je suis comme ça, tellement fragile
Je n'y peux rien

Chut... Je coule... En silence...

Touchée (Rencontre de Charlotte)

Grands yeux ouverts et vagues
Tu m'a jeté un regard qui en disait long
Tes yeux très ronds
Tes yeux très noirs
De peur
Puis en voyant l'inconnu :
« Qui es-tu ? »

Je me suis approché
De toi
Lentement, lentement
Je me suis approché
De ton regard ;
Pas un mot
J'étais l'étranger et toi,
Tu cherchais les étoiles dans ton monde

Ma main sur la tienne,
Par les extrémités des doigts
Par la paume de la main
J'ai fait enfin ta connaissance :
Un sourire, une caresse ;
Tu m'as embrassé rapidement

J'ai pu enfin faire ta toilette ce matin !
Demain, je reviendrai...

La foudroyance

Oh! Tes yeux
Dans les neiges oubliées du printemps
Flèches de miel et de diamant
Pour la douceur de se connaître
··

Ô mes jours
Rose sous la peau
Fleur de vitrail, fleur à genoux
Dans la lumière nue et transparente
Meurtri de cette attente...

C'est dans ces fulgurances
Que je te retrouve
Encore une fois

Fulgurance de ton coeur en émoi
Qui n'a rien demandé
Mais qui, de grande clarté
Est troublé
Dans mon lit, j'ai cherché
Celle que ma peau aime
C'est ainsi que mon poème est né

Oh, mon coeur
Vas-tu enfin m'embrasser
Mes lèvres impatientes
Te réclament
Instamment dans les pâmes
Dans mes bras, veux-tu te serrer
Et t'abandonner ?

Où es-tu mon amour
Où es-tu ?
Je ne te sais plus !...

La violence du calme

Dans un coin
Là, elle s'enferme
Pas de barreaux
Pas une fleur ne germe
Ce matin
Ce matin calme

La vie se dissout
Nul ne se souvient d'elle
La puissance et la sagesse
Prennent leur envol
Ils ne reviendront pas

Le monde s'est fermé
A son regard
A son regard d'enfant de huit ans
Enfin, c'est ce qu'elle prétend

Seul l'aube réconforte
Les monstres tapis sous le lit
Éclairé par ce matin
Ce matin calme

Sa mémoire
Précédait sa naissance
Et voilà qu'aujourd'hui,
Elle danse
Dans sa tête
Elle danse ses rires
Et ses chagrins perdus

Le matin qui s'ouvre...
A quoi bon
Matin, midi, soir
Tout se ressemble
Dans une nuit intérieure
Perpétuelle

Elle regarde
Vaguement les moineaux
Dansant de travers
Dans un rayon de soleil froid
Ce premier rayon du jour
D'un jour calme
Et si terrible après tout
Jusqu'au soir

L'amour

Pourquoi pleures-tu, mon aimée ?
Sans la pluie de tes yeux, mon amour est pour toi
Un soleil sans limites

Pourquoi pleures-tu mon aimée ?
Tu illumines ma Vie, chaque jour que Dieu fait
Depuis plus de soixante années

Pourquoi pleures-tu mon aimée ?
Nos enfants, à leur naissance nous ont fait sortir
Des larmes de joie

Pourquoi pleures-tu mon aimée ?
Mon sourire vient vers toi et te prends dans mes bras
Tous les matins de mon lit vers le tien

Pourquoi pleures-tu mon aimée ?
Tes yeux rouges et embués me sont indifférence
Donne-moi un ciel bleu

Pourquoi pleures-tu mon aimée ?
Mes mots sont comme l'acier si je te fais souffrir
Que souffle la douceur caressante

Pourquoi pleures-tu mon aimée ?
Mes fugues te font frémir et moi qui n'en sais rien
Où sont mes souvenirs ?

Pourquoi pleures-tu mon aimée ?
Enchaîné soudainement par la pensée de devoir te quitter
Nos liens se brisent…

Pourquoi ?

P…. ?

Pourquoi pleurez-vous madame ?
Je ne vous connais pas, sortez de chez moi
Sinon je vous frappe

En fermant les yeux

En fermant les yeux

Je revois ma maison
Aux petites tuiles rouges
Mon jardin
Enveloppé de brume
Mélangée aux vapeurs
Du café

En fermant les yeux

J'entends les cris de mes enfants
Qui de temps en temps
Courent le long du chemin
Allant vers l'école
Le soleil naissant de leurs cris
Leur fait une auréole

Et puis je vois…

Mon seul amour
Celui qui chaque matin
Me rend un doux câlin
Parfumé de lavande
De baisers, de caresses

Oh ! Que je voudrais
Ne plus les rouvrir
Peut-être perdrais-je
Le seul trésor qui me reste
Le souvenir heureux
De mon mari radieux
Oh ! Que ce doit être bon
De mourir

Je ne puis plus te le dire
Je ne le saurais pas
Je ne le saurais plus
Mais en moi-même
Je le sais quand même

En fermant les yeux
Je garde en moi
Le vrai amour

Même sous les paupières
Les roses pleurent
Sur des yeux déjà secs
Pour toujours

Le cri et le silence

Réveil provoqué
Réveil brutalisé
Réveil, parce qu'il faut,
Pourquoi ?
Pourquoi je devrais me lever ?
Je suis bien
Dans mes draps
La nuit a froid
Draps bienfaisants
Ils sont à moi
Une blanche terreur
Est venue s'approcher ;
Du fond de mon cœur,
Du fond de mon ventre,
Je crie pour me défendre
De toi !
A peine calmé,
Je te regarde
Intensément,
Dans le lointain, pourtant…
Les griffes de l'angoisse
Se sont posées sur moi
Arrête !
Si tu veux me toucher,
Regarde moi d'abord
Puis,
Viens lentement
Sans bruit
Par l'extrémité des doigts
Sur mon corps
Je saurai alors…
Que tu m'aimes
Et je viendrai…

Les deux amies (rencontre)

« Germaine, où es-tu ?

Je ne t'entends pas, j'ai besoin de toi...
   Attends, je pars à ta rencontre...
   Ca y est ! Je t'ai retrouvée, comment vas-tu ma chérie ?
   - Bonsoir Marcelle, mal... Très mal !
   Tu vois, on m'a exilée seule dans ma chambre; comme si je ne la connaissais pas assez ! Allons donc !
   Moi, qui se replie doucement dans mon monde intérieur, eh bien, comme ça, j'y vais encore plus vite...
   - Comment tu t'es retrouvée là ?
   - Je ne sais pas vraiment...Il paraît que je ne fais que crier toute la journée et que cela indispose ces dames qui jouent aux cartes. Alors, on a décidé en haut lieu que je devais rester dans cette chambre.
   Je résume : j'y suis toute la nuit, on vient me chercher sur le coup de midi, on me remonte ensuite après manger et on vient me chercher pour le change de 16h30 puis remontée après le dîner... En somme, environ 20h sur 24 !
   Alors, je m'échappe de la résidence : je ferme les yeux et je m'enfouis profondément dans mon passé... J'y suis si bien !
   Tu sais, les gens d'en bas, je m'en moque, mais ils ne savent pas... Que je pleure souvent en silence...
   Et pourtant, j'en ai des choses à dire !
   Dire que je n'aime pas la soupe, ni le fromage, ni le monstre qui me tire de mon lit tous les matins de très bonne heure, et sans crier gare, me met de l'eau sur mon corps nu...
   Mais je ne peux que crier, me replier en deux, comme si je venais de naître, ... un tout petit enfant...C'est la seule façon pour moi de communiquer. Puisque l'on ne me comprend pas, alors, je gêne, je dérange...
   Mais assez parlé de ma personne... Toi Marcelle, comment tu vas ?
   - Oh, moi tu sais, ce n'est pas bien meilleur...!!
   - Expliques-toi, ma chérie, que se passe-t-il ?
   - Je ne sais plus qui je suis, où est ma chambre...Alors, toute la journée, je me promène dans les couloirs, j'ouvre les portes. Je n'arrête pas de me faire engueuler ! Je ne sais pas pourquoi... Cela

me fait très peur...Et pourtant je voudrais bien leur expliquer... Mais je ne trouve pas les mots !

Un soir, je me suis retrouvée face à ma soeur : je ne l'ai pas reconnue. Elle a crié après moi car j'avais perdu mon dentier tout neuf, et que nos enfants avaient travaillé très dur pour me l'acheter...

Alors, bien sûr, je finis quand même par retrouver ma chambre en fin de nuit, mais je suis épuisée...Et puis, si une personne en blanc me demande d'aller faire ma toilette, je réponds que je veux encore dormir...Alors, ils me fichent la paix...

- Mais dis-moi, Marcelle, comment tu fais pour me comprendre, moi qui ne fais que crier jour et nuit ?

- Je ne me l'explique pas, Germaine... Peut être nous comprenons-nous par la souffrance, par la peur, par le toucher et par nos larmes mêlées quand tu me fais la bise...

Bon, maintenant, je m'en vais. Je vais essayer de retrouver ma chambre...

Bisous !

- Bisous, et à très bientôt ! »

Après la fugue

Apprendre à n'être rien aux portes de l'enfer
Et d'apporter le bien, et si je t'indiffère,
Comment en être là devant toi maintenant ?
Toi qui ne pleures pas quand un homme est souffrant…

Pour mieux te retenir, je souris avec toi
Tout le temps réfléchir, te porter dans mes bras
Exterminant la Vie, cette inactivité
T'as poussé aujourd'hui à franchir le palier

Je ne voulais pas te le dire
Mais…

Je suis nu devant toi devant tant d'évidence
Toi qui ne comprends pas mais qui sens ma présence :

Quelle angoisse tu portes !

Tu ne peux dire pourquoi, tu ne sais plus les mots
Mais je retiens ma peine quand tu lâches un sanglot
Une deuxième chance, donne-moi en secret
Et une bienveillance que je t'offre à jamais !

Son cœur tape

Une averse dehors
Ses yeux dans le noir
Solitude

Un soleil couché
Les monstres réveillés
Terreur

Vers les chambres
Les cris s'affaiblissent
Somnifère

Son cœur tape
A la faire vomir
Sueur nocturne

Sous les draps
Une main s'avance
Couverture ennemie

Pas encore !
Non, je veux dormir,
Pas mourir !

N'aie pas peur !

Le son des libellules
De pierre
Monte jusqu'à lui
Ombre de la montagne
Noire
Au fond de sa tête
Cherche un point de lumière

Il passe

Des serpents sortent
De sa bouche
Vers l'autre côté d'un monde
Etrange
Où lui seul est à l'abri

Les yeux

Bien qu'ouverts
Sont fermés à jamais
Fermés à l'émotion
D'un enfant qui pleure

Ses ailes

Si il veut voler
Déplie se ailes
Et ouvre sa bouche
Déformée
Et viens réchauffer ses mains
Froides

Dans les miennes

Le crépuscule (chanson)

Il nous faut regarder
Derrière la maison grise
Mourir les chandeliers,
Il faut que je vous dise :

Tu étais belle hier
Je te courais après
Tu étais dentellière
La nuit, moi je t'aimais...

Dans le lit de velours
Où nous trouvions la paix
Je te faisais l'amour
Et tu t'étourdissais

Nous étions pauvres en tout
Nous étions riches en rien
Accrochée à mon cou
Car j'étais ton gardien

Qu'importe la misère
Il fera beau demain
Qu'importe la manière
De suivre son destin

Celui de l'Alzheimer

Le soleil attendri
Te rendait toute rose
Ton visage vieilli
Montrait les mêmes choses :

Ton visage vieilli
Creusé de mille rides
Où s'écartent en plis
Tes belles larmes acides

Qui êtes-vous monsieur
Qui, sur moi, portez vos yeux ?

La soltie (l'aphasie)

Je raconte mes souvenirs
Seul le chat me comprend

Mes souvenirs
Sur l'horizon
Se posent sur la Lune

Elle, si voilée
J'avance lentement
J'ai peu chaque seconde

Je vous laisse tout
Je ne m'y intéresse plus

"Ma toiture
Peut rentrer
Dans mon parage

Pa ici la soltie
Je peux loir
De beaux tanards cauvages
Sur l'épant endormi"

Je raconte mes souvenirs
J'ai beau parler
Aux rideaux déchirés
Seul le chat me comprend

Il cherche sous les draps
Il cherche le chaud
Il connaît bien la langue de l'amour

Les marcheurs de l'impossible

Si leur cœur
Se défeuillait
Comme les arbres
En Automne
Il en dirait des choses, comme :

"Viens me faire chavirer
Au-delà des baisers
Je serai apaisé
De mon esprit en cendres
Si
Tu pouvais me comprendre"

Les marcheurs bâtissent
Ils inventent un royaume
Sans murs...
Ils bravent le temps, l'espace
En s'égarant,
Ils se protègent du moment ;
Être bien...Si seulement !

Ils sont à la frontière
Des portes de l'Enfer
Alors, ils marchent
Ils marchent encore
Et toujours...

Ils marchent à la surface
D'une eau silencieuse
Où la Lune est troublée
Les oiseaux sont cachés
La nuit est ténébreuse

Il y a un point de lumière
Là-bas,
Sur le côté...

Je te faisais la cour...

Tout sur toi
Tu prends tout sur toi
N'importe quoi
Un cri, un bruit
Brutalement, la nuit

Lever, une heure du matin
J'ai faim
Je n'ai rien mangé
Ou bien je ne m'en souviens
Plus

Ah oui, au fait
Regarde, mon pyjama
Est mouillé
Dis-moi quelque chose
Je ne sais pas
Quelque chose comme
"Il va faire beau
Demain matin"

Il paraît que lorsque
On parle du beau temps
A deux
On parle d'Amour

Tu ne savais pas ?
Que je te faisais la cour ?

L'illimité

Tu as la vue
Moi, non
Je ne te vois pas
Et pourtant
Tu es devant moi

Corps épuisé des nuits d'épouvante
La fatigue a creusé ta peau
Une sorte d'amour refroidi
Ressemble à la dureté de ton lit

De temps en temps
Ton cœur retrouve la lumière
Si furtivement
Que tes yeux n'en sont plus
Éblouis

Exilé dans ton corps
Sous le ciel abaissé
Tu y penses souvent
Au retour du printemps
Tant désiré
Mais il fait froid dehors

Tu es homme
Tu es femme
En proie au silence ainsi modelé
Quand la fatigue de la vie
Est immense
Et s'étire à l'illimité

Les dents brunes

Les dents blanches
Tradition de beauté juvénile

Les dents grises
Celles qui vont un jour se déchausser
Puis tomber

Les dents violettes
Celles qui ont mangé du chou rouge

Les dents rouges
Celles qui dévorent la vie des autres
Après l'effort, exténuées

Les dents cassées
Car il refuse catégoriquement
De les nettoyer
De temps en temps,
Il aime la merde
Il en mange
Plutôt deux fois qu'une
Les dents brunes

Il faut montrer
Beaucoup d'amour
Pour sa toilette
De chaque jour

Je suis son compagnon
Pour lui signifier
Pour de bon
D'avoir les dents du cœur
Pour nous embrasser
Sans un mouvement de retrait

Sourires...

Sur mes lèvres
J'ai ramassé un sourire
Pour t'apprivoiser

Te le coller
Sur ta bouche
A jamais
Toi qui ne ris plus
Depuis longtemps

Et si un jour
Tu le perdais
Si il s'envolait
Ce ne serait pas grave...

Je serai toujours là
Pour t'en donner un autre

J'en ai plein
Pour renverser
Les montagnes d'angoisse
De chacun de tes jours

Pour casser les longs murs
De ta forteresse invisible
Où les barreaux se lisent
Dans tes yeux déchirés

J'en ai plein
Pour te tresser
Une couronne de joie
Pour te peindre un ciel
Où la couleur
Sera toujours le bleu

Je veux mourir debout

Moi qui souris un peu
Quand je te vois entrer
Allongé sur mon lit
Je voudrais me lever...

J'y pense tous les jours
Si tu as de l'amour
Tu sais ce que je veux
Dans ma tête, par mes yeux

Avant de m'endormir
Pour toujours, te quitter
Une dernière fois
Je voudrais me lever...

Enfin seul, devant toi
Je veux mourir debout
C'est bien peu, mais c'est tout...

Claude et Claudette

Histoire d'Amour
Pas le grand, ni le romantique
Ni le tragique
Ni celui de la chanson
Avec caramel, bonbon et chocolat

Histoire d'Amour
Universelle
Un peu muette
Les mots, il en reste peu

Je t'aime

Un peu

Beaucoup

Passionnément

A la folie…

J'ai oublié
J'ai oublié

Mon cerveau est devenu
Une grande poubelle
Noire et profonde
Où les caresses se meurent
Où les mots se fracassent
Je les entends crier

Alors, comment veux-tu
Que je dise : « je t'aime »
Je ne sais plus bien parler
Ou bien n'importe quand
Ou bien n'importe quoi

L'espace-temps
Est de plus en plus grand
Des tonnes de demain
Sont pareils au Hier

Je ne sais plus les prénoms
De mes enfants
Alors, comment veux-tu
Que je te dise « je t'aime »
Mais pourquoi t'inviter
A mon festin de peine

Je m'en vais te quitter
Pour mieux déambuler
Pour où ?
Je ne saurais pas
Certainement pas vers toi
Car je ne te connais pas

Maintenant,
Je vais me coucher
Dans des draps
Qui n'en finissent plus
De m'enchaîner,
Même si la lumière
Ecarte les persiennes

Je n'attends plus, que la Mort vienne
Seuls les anges se souviennent
Seuls les anges me souriront

Je t'aime

Un peu

Beaucoup

Passionnément

A la folie

Plus du tout…

La chaleur

Première ondée froide
Depuis l'Août
Plus de Lune ce soir

Chute des feuilles
Multitude d'éclipses
Lumière éparpillée

Il ne dit rien
Entend-le bien
Il crie en silence

Les arbres sont nus
Les uns après les autres
Entendez-les craquer !

Au coucher
Toucher de peau, de corps
Apaisant

Chatte bougonne
Tu cherches sous les draps
La chaleur de ton ventre

Bouteille vide ?
Regarde bien au fond
Il reste un peu d'amour

Noirs étaient les nuages

Blanches étaient les voix
Des malades du soir
Là, où l'océan des draps
Coulant sans bruits
Brillait sous la lune froide

Noirs étaient les nuages
Qui se reflétaient
Sur l'horloge vide
Un pas encore, peut-être
Un pas
Donnait la Vie déjà ensevelie

Ses mains, leurs mains
Le même tremblement
Ses mains
La même espérance
D'un lendemain
Pitié ! Une autre lumière !

Le besoin des sourires
Le besoin des bras
Tout était besoin
Sauf un vide sans bornes
Où mourir est si simple

Regardez là-bas !
Le jour point
L'aube dissout les ombres
Qui menacent l'or
Du jour qui vient

Des kilomètres la nuit

A quoi bon
Prendre le miroir
Il n'y a plus
Que des étrangers
Autour de moi

A quoi bon
Prendre la mer
Je la sais méchante
Là où le brisant des vagues
Vient tout faire disparaître

Des kilomètres

Des kilomètres
A tourner
Dans la chambre close
Celle pourtant
Où l'on entend la liberté
D'un roucoulement
Même si dehors, il neige

Des kilomètres
A chercher une main
Parmi les ombres
Pour que le chemin
Évite les courbes tranchantes
Du destin

Des kilomètres
Pour encore et encore
Retrouver cette porte
Encore fermée
Sur un oreiller froid
Une lumière défaite
Je la hais
Je la vomis
Alors, je m'en vais...

Pour où ?
Toute la nuit ?

Viens me connaître
Sois sans crainte
Avance, prend ma main
Je t'embrasserai sans empreintes

Je t'en prie
Viens !

Invisible

Larme du roseau
Rire de la première lueur
Tout se mêle dans le coeur
D'un cours d'eau

Figé

Jeux de lumière
Avec la feuille morte
Prise par les premières glaces
Que tu portes

Lenteur

Le soleil voudrait
Frapper à la fenêtre
Et si le ciel pleuvait
Derrière les hêtres

Que du lait...

Une fleur sur le tableau
Solitude
Il fait froid
Derrière la multitude

Invisible

Jacques ou le dernier jour

Tu es dans les mains du vent
Tu es dans les mains du soleil
Tous deux me disent que Dieu passe

Je touche ton cœur
Je touche tes paupières minérales
Je touche tes bras
Sculptés dans de la pierre

Toi qui vois le son de mes doigts
Toi qui sens la lumière du soir
Et de la Nuit

Toutes les fontaines de tes yeux
Sont transformées
En nuages bleus

Sur ton lit sacré
Je vois pousser les océans
Sur lesquels ton corps flotte

Vers cette obscurité
De jets d'eau, de feu
Et de sang pétrifié

Mais je suis avec toi
Jusqu'au bout

Comme toi
Je ferme les yeux

Sais-tu pourquoi
Pleurent les mendiants
Et les rois ?

(Tu es parti un 19 décembre…)

Et pourtant...

Regarde moi bien
Il fait encore trop beau
Pour boucher la serrure

Les yeux sont toujours là
Mais le regard est parti
Sur des chemins perdus

Tout est prétexte au sourire
Quand les lèvres poudrées
Se penchent sur toi

Un instant unique
Où, derrière lui
Il embrasse son front

J'y repense en partant
Quelqu'un tout à coup
Me manque...

Il reste un éclat d'amour
Dans ses yeux si fendus...

Et pourtant,
Regarde les bien
Ces yeux
Ils sont pour toi